Christian Bieniek
lebt in Düsseldorf und schreibt für Kids und
Erwachsene.

Weitere Bücher für Kinder von Christian Bieniek
in Arena Verlag und Edition Bücherbär:
Das Kicker-Team 1: Klarer Fall, Elfmeter!
Das Kicker-Team 2: Ein Sponsor für Markus
Das Kicker-Team 3: Das Spiel der Spiele
Das Kicker-Team 4: Die Känguru-Taktik
Karo Karotte und der Club der starken Mädchen
Karo Karotte und die Kaugummi-Kids
Karo Karotte und der liebste Hund der Welt

Ralf Butschkow,
geboren 1962, lebt mit seiner Familie in Berlin, wo er an
der Hochschule der Künste bei Professor Jürgen Spohn
studierte. Heute arbeitet er vor allem als
Kinderbuchillustrator und Werbegrafiker.

Christian Bieniek

Selbst ausgetrickst, Markus!

Mit Bildern von Ralf Butschkow

In neuer Rechtschreibung

1. Auflage 2000
© 2000 by Arena Verlag GmbH, Würzburg
Alle Rechte vorbehalten
Einband und Innenillustrationen: Ralf Butschkow
Gesamtherstellung: Westermann Druck Zwickau GmbH
ISBN 3-401-04866-X

Inhalt

Kein Kuss für eine Leiche

Gleich bin ich tot!

Mit einem gellenden Schrei stürze ich auf die Aschenbahn, fasse mir mit beiden Händen ans Herz und stöhne wie verrückt. Nur wenige Sekunden später werde ich von meinen Mannschaftskameraden umringt.

»Was ist denn los, Markus?« Vor lauter Aufregung überschlägt sich Daniels Stimme. Unser Libero ist neben mir in die Knie gegangen und rüttelt mich an der Schulter. »Hast du dich verletzt?«

Ich stoße seine Hand weg und stöhne noch lauter.

»O Gott!«, ruft Sven verzweifelt aus. »Wir müssen ihm helfen. Los, Orhan, renn zu Frau Unger! Die soll sofort einen Krankenwagen rufen!«

»Zu spät!«, ächze ich mit schmerzverzerrter Miene. »Dieses Training war – war –«

Mir fehlt die Kraft zum Weitersprechen. Ein grauenvolles Röcheln dringt aus meiner Kehle. Nach ein paar letzten Zuckungen bäume ich mich noch einmal auf. Langsam wandert mein Blick über die kreidebleichen Gesichter meiner Freunde. Einer sieht entsetzter aus als der andere. Sven, unser Torwart und mein bester Freund, kämpft sogar mit den Tränen. »Aaaaah!«, schreie ich.

Und dann sinke ich zurück und bleibe mit weit aufgerissenen Augen regungslos auf der Aschenbahn liegen.

Totenstille, mindestens eine halbe Ewigkeit lang.

Was soll das? Weiß denn hier keiner, was man mit einer Leiche macht? Wie wär's mit einem Sarg und einem Loch in der Erde?

Endlich findet jemand die Sprache wieder: ausgerechnet Orhan, unser großer Schweiger. Höchstens dreimal am Tag fällt ihm ein, dass man den Mund auch zum Reden gebrauchen kann.

»Wahnsinn, Wahnsinn!« Orhan klingt total geknickt. »Der arme Markus ist –«

»Ein hundsmiserabler Schauspieler ist er!«, wird er von Frau Unger unterbrochen, die sich merkwürdigerweise kein bisschen traurig anhört. »Los, steh auf, Markus! Du musst noch drei Runden um den Platz drehen!«

Unverschämtheit! Spricht man so mit einer Leiche?

»Sind Sie verrückt?«, kreischt H. P. »Gucken Sie sich Markus doch mal genau an: Er ist tot!«

»So?« Unsere Trainerin lacht. »Dann sollten wir ihn schleunigst wieder zum Leben erwecken.«

»Wie denn?«, will Daniel wissen.

»Ach, da gibt's verschiedene Möglichkeiten«, antwortet Frau Unger. »Unser Toter darf sich eine davon aussuchen. Sag mal, Markus, was hältst du von einer Mund-zu-Mund-Beatmung?«

»Aaaaah!«, schreie ich noch lauter als eben bei meinem letzten Atemzug. Im Nu springe ich auf die Beine und setze meine Runden um den Platz im Spurttempo fort. Mund-zu-Mund-Beatmung – igitt! Ehe ich mich von unserer Trainerin küssen lasse, renne ich lieber bis zum Nordpol.

»Komm sofort zurück!«, kommandiert Frau Unger. Da sie ohnehin schon stinksauer sein dürfte, sollte ich ihr lieber gehorchen. Also mache ich auf der Stelle kehrt und laufe zu ihr zurück.

Meine Mannschaftskameraden sind genauso wütend auf mich wie Frau Unger. Mit verschränkten Armen stehen sie neben ihr und werfen mir finstere Blicke zu. Warum freuen sie sich denn nicht darüber, dass ihr Kapitän von den Toten auferstanden ist?

»Was sollte der Unsinn, Markus?«, faucht unsere Trainerin mich an.

»Die Hitze!«, jammere ich und blinzle dabei in die Sonne. »So heiß ist es heute bestimmt nicht mal in der Sahara. Das ist doch kein Wetter zum Kicken!«

»Und was war beim letzten Training, als du mit einem Regenschirm auf den Platz gekommen bist, du Witzbold? Da hat dir das Wetter auch nicht gefallen.«

»Stimmt«, gebe ich kleinlaut zu. »Ich spiele nun mal nicht gerne Fußball, wenn es zu heiß oder zu nass ist.«

»So ein Unsinn! Du bist nur zu faul zum Trainieren!«, schimpft Frau Unger. »Wenn wir noch einen Mittelstürmer in der Mannschaft hätten, würde ich dich beim nächsten Spiel auf der Ersatzbank schmoren lassen! Was sagst du dazu?«

Nichts. Jedes Mal, wenn ich dieses ekelhafte Wort höre, verschlägt es mir die Sprache. Ein Superfußballer wie ich gehört schließlich nicht auf die Bank, sondern auf den Platz, und das bei jedem Spiel seiner Mannschaft.

Frau Unger schüttelt den Kopf. »Möchtest du dich nicht wenigstens bei deinen Freunden und mir für diese dämliche Nummer mit dem sterbenden Schwan entschuldigen?«

»Hm.«

Entschuldigungen sind nicht unbedingt meine große Stärke. Irgendwie wollen sie mir nie so recht über die Lippen. Aber vielleicht sollte ich heute eine Ausnahme machen, um die düsteren Mienen meiner Kickerkollegen und unserer Trainerin wieder etwas aufzuheitern. Also gebe ich mir einen Ruck und murmle so leise, dass mich nicht mal mein Urgroßvater mit seinen drei Hörgeräten verstehen könnte: »Tut mir Leid.«

»Hä? Wie war das?«, brummt Sven und hält die riesigen Torwarthandschuhe hinter seine Ohren. Wenn Svens Nase zwei Meter länger wäre, könnte man ihn glatt mit einem Elefanten verwechseln.

»Tut mir Leid!«, brülle ich so laut ich kann, worauf Frau Unger vor Schreck zusammenzuckt.

Ihr giftiger Blick verheißt nichts Gutes. Darum drehe ich ihr schnell den Rücken zu und renne los.

»Fünf Strafrunden extra!«, ruft sie mit Donnerstimme hinter mir her.

O Gott! Das sind ja insgesamt acht Runden – bei dieser mörderischen Hitze. Danach bin ich wirklich 'ne Leiche, wetten? Aber das hätte auch was Gutes: Wenn ich nämlich tot auf der Aschenbahn liege, darf sich unsere Trainerin zur Abwechslung mal bei mir entschuldigen!

Der Superkicker aus Kasachstan

Nachdem Frau Unger das Training beendet hat, muss ich mir das Gemecker meiner Mitspieler anhören.

»Wie konntest du uns nur so einen Schrecken einjagen?«, schnaubt Sven auf dem Weg in die Kabine. »Einen Sterbenden zu mimen – das ist wirklich die dümmste Idee, die du je hattest!«

»Dachtet ihr wirklich, ich wäre tot?«, wundere ich mich. »Dann bin ich ja ein richtig guter Schauspieler.«

Sven rammt mir einen Ellenbogen in die Rippen. »Ein Blödmann bist du!«

Er und die anderen Spieler sind so stinkig, dass keiner von ihnen zusammen mit mir nach Hause fahren will. Darum radle ich eine Viertelstunde später allein durch die Straßen von Sinzburg. So ein Mist, dass ich nicht in Hollywood wohne! Dort hätte ich für meine tolle Sterbeszene nicht fünf Strafrunden bekommen, sondern einen Oscar.

Die Hitze ist wirklich kaum auszuhalten. Ob Mutter was dagegen hätte, wenn ich mich gleich eine Stunde lang in die Tiefkühltruhe legen würde? Aber vorher werde ich erst mal eine ganze Kiste Limonade trinken. Dieser elende Durst! So ausgetrocknet ist meine Kehle noch nie gewesen.

Auf dem Weg durch den Stadtpark komme ich am Bolzplatz vorbei, der in der prallen Sonne liegt. Normalerweise kickt bei diesem Wetter niemand dort rum. Doch siehe da: Neben dem linken Tor entdecke ich einen unheimlich dünnen, blonden Jungen, der gerade den Ball aufhebt und dann zur Ecke geht. Unterwegs streichelt er das Leder und gibt ihm schließlich sogar einen Kuss. Was ist denn das für ein komischer Kauz?

Verblüfft trete ich auf die Bremse. Wieso will denn dieser Komiker ganz für sich allein eine Ecke schießen?

Im Strafraum ist doch niemand, der den Ball fangen oder ins Tor donnern könnte.

Der Junge legt sich die Kugel zurecht. Ehe er Anlauf nimmt, schaut er immer wieder vom Ball zum Tor und wieder zurück. Meine Güte, warum macht er es bloß so spannend? Ein Eckball ist doch nichts Besonderes.

Von wegen!

Als der Junge endlich gegen den Ball tritt, traue ich kaum meinen Augen: Das Leder ist so raffiniert angeschnitten, dass es nach einer irren Kurve direkt im Tor landet. Unglaublich! Dieser Knabe muss ein Superfußballer sein. Oder war das nur ein Sonntagsschuss, für den er selbst nichts kann?

Um das herauszufinden, steige ich kurz entschlossen vom Rad, stelle es ab und gehe auf den Platz. Der Junge, der gerade zum Tor läuft, hebt den Kopf und lächelt mich an.

»Mitspielen?«, ruft er mir zu. Ich nicke.

»Ich habe den Ball, du musst ihn mir abnehmen«, schlägt er vor. »Einverstanden?«

Sein Deutsch hört sich so an wie das von Igor, einem Jungen in unserer Klasse, der aus der Nähe von Moskau kommt. »Bist du ein Russland-Deutscher?«, frage ich den Blondschopf.

»So was Ähnliches«, antwortet er. »Ich komme aus Kasachstan. In Russland war ich noch nie.«

»Wie heißt du denn?«

»Du wirst lachen, wenn du meinen Namen hörst.«

»Nein«, verspreche ich ihm.

»Waldemar.«

»Waldemar?« Natürlich muss ich lachen. »Ach du Schan-
de! So heißt doch kein Mensch! Darf ich dich Waldi nen-
nen?«

»Aber nur, wenn du mir vorher ein Halsband und eine Leine besorgst«, erwidert der Junge fröhlich. Anscheinend macht es ihm nichts aus, dass ich seinen Namen ulkig finde.

»Ich heiße Markus«, verrate ich ihm.

»Aha. Dann verkaufst du bestimmt was an die Mädchen.«

»Hä?«

»Markus – eine Mark für einen Kuss!«

»Sehr witzig!« Ich zeige auf die Kugel. »Pass auf, jetzt nehme ich dir den Ball ab!«

Ein mitleidiges Grinsen erscheint auf Waldemars Gesicht.
»Wenn du kannst . . .«
So ein Angeber! Lässig stemmt er die Hände in die Hüften
und stellt den linken Fuß auf den Ball. Ich stürme auf ihn
los und trete nach dem Leder, doch das Einzige, was ich
treffe, ist Luft. Sagenhaft: Waldemar
zaubert mit dem Ball, als würde er
an seinen Schuhen kleben.

Außerdem schirmt er ihn immer wieder ganz geschickt mit seinem Körper ab. Ich hab überhaupt keine Chance an die Kugel zu kommen.

Dieses schmächtige Kerlchen, das einen halben Kopf kleiner ist als ich, lässt mich wie einen blutigen Anfänger aussehen. Ein Glück, dass gerade keine Freunde von mir in der Nähe sind! Die würden aus dem Wiehern gar nicht mehr herauskommen.

Beim Versuch, mit dem rechten Fuß zwischen Waldemars knochigen Beinen herumzustochern, verliere ich das Gleichgewicht und falle hin. Wie peinlich!

»Diese verdammte Hitze!«, stöhne ich und rapple mich wieder auf. »Ich bin heute nicht so gut in Form.«

»Willst du was trinken?«

Ich nicke, worauf Waldemar zum Tor läuft. Hinter dem linken Pfosten hat er eine Flasche abgestellt. Nachdem er sie mir in die Hand gedrückt hat, beäuge ich sie misstrauisch. Auf der Flasche klebt kein Etikett. Und die dunkelgelbe Flüssigkeit darin sieht nicht besonders appetitlich aus.

»Ist das wirklich was zum Trinken?«, frage ich Waldemar. »Oder hat da gerade ein Hund reingepinkelt?«

»Keine Angst!«, beruhigt er mich. »Das sieht nur so aus wie Hundepisse.«

Leider schmeckt das Zeug auch genau so, wie ich nach dem ersten Schluck feststellen muss.

Ich spucke auf den Platz. »Ekelhaft! Was soll denn das sein?«

»Ein Tee, den meine Mutter extra für mich erfunden hat. Da sind bestimmte Kräuter drin, von denen man angeblich besser Fußball spielen kann.«

»Echt?«

Sofort setze ich die Flasche an die Lippen und trinke sie halb leer. Waldemar kichert dabei vor sich hin.

»Na ja, vom Tee alleine wirst du garantiert kein besserer Fußballer«, meint er, als ich ihm die Flasche zurückgebe. »Da musst du schon genauso hart trainieren wie ich.«

»Mach ich doch!«, behaupte ich, wofür ich nur einen ungläubigen Blick ernte.

Weil ich mich nicht weiter über dieses Thema unterhalten möchte, quetsche ich Waldemar ein bisschen aus. Ich erfahre, dass er seit einer Woche hier bei einem Onkel in Sinzburg wohnt, zusammen mit seinen Eltern und seiner kleinen Schwester. Davor haben sie drei Monate lang in einer Containersiedlung in Süddeutschland gewohnt, was sie aber nicht länger aushalten konnten. Wenn sein Vater eine Arbeitsstelle in Sinzburg findet, wollen sie hier bleiben.

»Jetzt will ich aber auch mal was wissen«, unterbricht er mich, als ich gerade eine neue Frage stelle. »Gibt's hier einen Fußballverein, der einen guten Mittelstürmer gebrauchen könnte?«

Schluck!

Was soll ich darauf antworten? Frau Ungers Drohung klingelt mir noch in den Ohren: *Wenn wir noch einen Mittelstürmer in der Mannschaft hätten, würde ich dich beim nächsten Spiel auf der Ersatzbank schmoren lassen!* Waldemar darf auf keinen Fall in unseren Verein, sonst sitze ich mir in den nächsten Jahren auf der Bank den Hintern platt. Gegen so einen Superspieler, der wahrscheinlich auch mit zwei Gipsbeinen besser kicken kann als ich, habe ich bei Frau Unger doch keine Chance!

»Ja, es gibt hier einen Verein, aber den kannst du vergessen«, erzähle ich ihm. »Die totale Gurkentruppe!«

»Was heißt das? Dass die Spieler am liebsten Gurken essen?«

»Nein, dass sie ein Spiel nach dem anderen verlieren. Der Torwart ist so fett wie ein Nilpferd und kann nur Bälle fangen, die in Zeitlupe auf seinen Kasten zufliegen.«

Hätte Sven das gehört, würde er mir vor Begeisterung bestimmt den Bauch kitzeln – und zwar mit einem knallharten Faustschlag.

»Und der Trainer?«, will Waldemar wissen.

»Der hat einen kleinen Geburtsfehler.«

»Was für einen?«

»Er ist eine Frau.«

Waldemar runzelt die Stirn. »Na und? In Kasachstan wurden wir auch von einer Frau trainiert. Die hat mir unheimlich viel beigebracht.«

»Aber diese Frau Unger ist ein richtiges Biest! Was die mit uns veranstaltet, ist kein Training, sondern eine Folter. Ja, im Ernst! Die hetzt dich über den Platz, bis du tot umfällst. Außerdem versteht sie überhaupt nichts von Fußball«, phantasiere ich. »Weißt du, wen sie vor uns trainiert hat? Ihre Kochtöpfe!«

»Du spielst also auch in der Mannschaft?«

»Ja«, gestehe ich. »Aber nur aus Mitleid. Ohne mich würden die armen Kerle jeden Sonntag noch höher verlieren. Ich bin der Einzige von den ganzen Nieten, der ab und zu mal den Ball trifft.«

»Schade«, meint Waldemar. »Dann ist das wirklich kein Verein für mich. Dabei hätte ich wirklich gern mal wieder in einer richtigen Mannschaft gespielt.«

»Tja, so was gibt's hier nicht in Sinzburg . . .«

Aber hier gibt's einen tollen Schwindler, der weder rot wird noch ins Stottern gerät, wenn er eine Lüge nach der anderen auftischt. Dafür hat er keinen Oscar verdient, sondern einen kräftigen Tritt in den Hintern! Und den verpasst er sich auch selbst, kurz bevor er zehn Minuten später auf sein Fahrrad steigt.

»Ab sofort keine Lügen mehr!«, schwöre ich mir, während ich durch den Stadtpark radle. Die Gewissensbisse, die mich piesacken, sind schmerzhafter als Mückenstiche. »Ab sofort keine Lügen mehr! Ab sofort keine Lügen mehr!«

GEWISSEN

Die schwarz-gelbe Oma

Ab sofort wieder Lügen her!

Schuld daran ist meine Oma. Ich hab zwei davon: Oma Luise aus Stuttgart und Oma Heidrun aus der Nähe von Dortmund. Oma Luise ist klein, grau und zahm und spielt gerne Mühle und Halma. Oma Heidrun ist klein, grau und bissig und spielt gerne – Fußball! Und ausgerechnet Oma Heidrun ist heute ohne jede Vorwarnung bei uns reingeschneit. Mutter nennt das einen Überraschungsbesuch. Ich nenne das eine Katastrophe!

Mich traf fast der Schlag, als ich nach der Schule nach Hause kam und schon an der Tür beinahe zerquetscht wurde von Oma Heidrun. Sie besabberte mein ganzes Gesicht mit ihren Küssen und drückte mich dabei so fest an sich, dass ich kaum noch Luft bekam. Mit aller Kraft versuchte ich mich aus der Umklammerung zu befreien, aber Oma hatte ihre Arme wie zwei Schraubstöcke um mich gepresst. Das war keine Begrüßung, sondern ein Ringkampf!

»Warum hat sich denn dein Kopf in eine Glühbirne verwandelt?«, erkundigte sie sich scheinheilig, nachdem sie mich endlich losgelassen hatte.

»Warum wohl? Weil ich um ein Haar erstickt wäre.«

Sie kniff mich so fest in die Backe, dass ich laut aufschrie.

»Na, immer noch ein kleines Sensibelchen, Markus? Wird langsam Zeit, dass du ein Mann wirst!«

»Ein Mann? Wenn du mich noch mal so in die Zange nimmst, werde ich nicht mal meinen nächsten Geburtstag erleben!«

Oma lachte nur und kniff mich dann in die andere Backe.

Und jetzt sitzen wir beim Mittagessen, mampfen Schnitzel und reden über Opa Helmut, der vor zehn Jahren gestorben ist. Das heißt, Oma redet und Mutter und ich hören zu. Das heißt, Mutter hört vielleicht zu. Ich hab genug damit zu tun, mir eine Ausrede einfallen zu lassen. Denn spätestens nach dem letzten Bissen wird Oma mir ihren üblichen Vorschlag machen. Bis dahin brauche ich unbedingt eine gute Idee.

Plötzlich unterbricht sie sich in ihren Erinnerungen an Opa Helmut und stellt ganz richtig fest: »Ich quatsche mal wieder viel zu viel! Warum sitzt ihr beide denn so stumm da? Habt ihr das Reden verlernt? Na los, Markus, frag mich irgendwas! Oder möchtest du gar nichts von mir wissen?«

»Doch: Wann fährst du wieder nach Hause, Oma?«

»Also bitte!« Mutter wirft mir einen gereizten Blick zu. »Das war aber alles andere als höflich!«

»Ach, lass ihn doch!«, nimmt mich Oma in Schutz. »Ich weiß doch selbst, was für eine furchtbare Nervensäge ich bin. Darum werde ich auch nach ein paar Tagen wieder verschwinden. Zufrieden, mein Junge?«

Okay, ein paar Tage sind zwar weniger als ein paar Wochen, aber erheblich mehr als ein paar Stunden. Was kann in dieser Zeit nicht alles passieren?

Kaum hat Oma ihren Teller leer gefuttert, steht sie auf und verkündet: »Jetzt werde ich aber schnell in die neuen Sachen schlüpfen, die ich mir vorgestern gekauft habe. Ihr werdet ganz schön staunen!«

Sie verschwindet aus der Küche.

»Woran ist Opa Helmut eigentlich gestorben?«, frage ich Mutter leise. »Hat sie ihn beim Küssen zu Tode gequetscht? Oder hat sie so viel geplappert, dass er vor Verzweiflung aus dem Fenster gesprungen ist?«

»Du faselst vielleicht einen Mist zusammen! Warum wolltest du eben wissen, wann sie wieder abreist? So was seine Oma zu fragen finde ich unmöglich!«

»Und ich finde es unmöglich, dass sie dauernd mit mir Fußball spielen möchte. Diesmal nehme ich sie auf keinen Fall mit auf den Bolzplatz, kapiert? Ich hasse es, zusammen mit meiner Oma dort aufzukreuzen!«

Das Wort *Bolzplatz* kann ich nicht aussprechen, ohne dass sich prompt mein schlechtes Gewissen meldet. So schwer liegt mir die Lügengeschichte von gestern noch im Magen. Meinen Kickerkollegen habe ich heute Morgen natürlich nichts von der Begegnung mit Waldemar erzählt. War das eigentlich nicht auch eine Art Schwindelei? Für die Mannschaft wäre es doch super, wenn wir einen so tollen Fußballer wie Waldemar als Mittelstürmer hätten. Trotzdem hab ich meinen Mitspielern nichts von ihm verraten.

Ich will nun mal nicht in den nächsten Jahren auf der Ersatzbank versauern, basta!

»Vielleicht hat sie bei der Hitze ja gar keine Lust zum Fußballspielen«, beruhigt mich Mutter. »Deine Oma ist schließlich auch nicht mehr die Jüngste.«

»Huhu, aufgepasst!«, hören wir sie aus dem Flur rufen. »Wenn ihr meine neuen Klamotten seht, fallt ihr bestimmt vom Stuhl, wetten?«

Ich verdrehe die Augen. »Mal sehen, was für ein Zirkuskostüm sie sich diesmal zugelegt hat!«

Wie ein Model auf dem Laufsteg stolziert Oma in die Küche, dreht eine Runde um den Esstisch und bleibt dann grinsend vor uns stehen.

»Und? Wie findet ihr das?«

»Hm«, ist alles, was Mutter dazu einfällt. »Was meinst du, Markus? Gefällt dir Oma Heidrun in diesen Sachen?«

O ja – und zwar so sehr, dass mir fast das Schnitzel hoch-
kommt! Oma trägt ein schwarz-gelbes Borussia-
Dortmund-Trikot mit Hose, Stutzen und nagelneuen Fußballschuhen. Dass sie damit nicht nur in unserer Küche he-
rumspazieren möchte, ist mir natürlich klar.

Und da kommt auch schon die Frage, vor der ich so viel
Bammel hatte: »Wann gehen wir denn auf den Bolzplatz,
mein Junge? Ich hab mich schon so drauf gefreut, endlich
wieder mit dir und deinen Freunden zu kicken.«

»Ach – äh – weißt du – äh –«

Vor lauter Nervosität fummle ich mit der Gabel an meinen
Fingerkuppen herum. Wenn ich jetzt ganz fest zustechen
würde, wäre ich bestimmt so schwer verletzt, dass ich einen Monat lang kein Klavier mehr spielen könnte.

Moment mal – eine Verletzung . . . ist das nicht die Idee?

»Dieser gemeine Tritt!«, rufe ich plötzlich mit weinerlicher
Stimme aus und fasse mir an den rechten Knöchel. »Orhan
hat mich vorhin im Sportunterricht voll erwischt. Du
kennst ihn ja, unseren Abwehrklopper! Als ich allein mit
dem Ball aufs Tor zurannte, hat er einfach zugetreten.«

»Der bricht seinem eigenen Kapitän die Knochen?« Em-
pört schlägt Oma mit der Faust auf den Tisch. »Das ist aber
ein feiner Mannschaftskamerad!«

»Gebrochen ist ja zum Glück nichts«, wiegle ich ab. »Allerdings tut der Fuß höllisch weh. Ich kann kaum noch laufen. Hier, schaut euch das an!«

Ächzend erhebe ich mich vom Stuhl und humple im Schneckentempo aus der Küche. Dabei mache ich ein Gesicht, als würde ich barfuß auf Reißzwecken spazieren gehen. Und jedes Mal, wenn ich mit dem rechten Fuß auftrete, lasse ich ein herzzerreißendes Stöhnen hören.

»Armer Junge!«, seufzt Oma.
Wieso arm? Ich bin total reich – erfindungsreich, hehehe!

Knutschen verboten!

Zwei Stunden später klingelt es an der Tür. Das muss Miriam mit ihrer Geige sein. Ich werfe den Comic in die Ecke, springe vom Bett hoch und marschiere mit großen Schritten hinaus auf den Flur.

»Unglaublich!«, staunt Oma, die gerade aus der Küche kommt und verblüfft auf meine Füße starrt. »Ist dein Knöchel so schnell wieder geheilt?«

Ich Idiot! Sofort schneide ich eine leidende Grimasse und fange an zu humpeln. Für die drei Meter bis zur Wohnungstür brauche ich ungefähr eine halbe Stunde. Miriam drückt sich derweil die Finger an der Klingel wund.

»Das hat ja ewig gedauert!«, meckert sie, als ich sie endlich in die Wohnung lasse. »Hättest du nicht noch ein bisschen langsamer machen können?«

»Du solltest froh sein, dass Markus kein Krüppel ist«, verteidigt mich Oma. »Dieser Orhan hätte nicht so brutal zutreten dürfen. Eigentlich müsste er dafür eine saftige Strafe von eurem Sportlehrer aufgebrummt bekommen, jawohl!«

»Wofür?«, fragt Miriam.

»Für die schwere Verletzung von Markus. Orhan kann von Glück sagen, dass der Knöchel nicht gebrochen ist.«

Miriam macht ein verständnisloses Gesicht. »Wobei hätte sich Markus denn verletzen sollen? Außer ein paar langweiligen Yogaübungen haben wir doch heute im Sportunterricht – aua!«

Um sie zum Schweigen zu bringen, habe ich sie schnell mit zwei Fingern in die Rippen gepiekst. »Los, wir müssen jetzt anfangen zu üben!«

Ich nehme sie am Arm, humple voran ins Wohnzimmer und schleife Miriam hinter mir her. Nachdem ich die Tür hinter uns geschlossen habe, zeige ich auf meinen rechten Fuß und zische: »Ich bin verletzt, kapiert? Und frag jetzt bloß nicht, wieso!«

»Wieso?«, fragt sie sofort.

»Das geht dich nichts an! Pack die Geige aus und lass uns 'ne Runde dudeln. Hast du geübt oder muss ich mir ein Kilo Watte in die Ohren stopfen?«

»Das brauchst du nicht!«, gibt sie grimmig zurück. »Da ist so viel Schmalz drin, dass du sowieso nichts hörst.«

Während sie ihren Notenständer aufstellt, schlurfe ich zum Klavier und muss lachen, weil ich immer noch humple.

»Hast du denn geübt?«, fragt Miriam.

»Natürlich!« Ich setze mich an die Tasten. »Allerdings ist das schon ein paar Jahre her.«

»Spinner!« Miriam packt ihre Fiedel aus und klemmt sie sich unters Kinn. »Was spielen wir denn zuerst?«

Ehe ich antworten kann, kommt Mutter herein und sagt: »Oma und ich gehen jetzt ein bisschen spazieren. Viel Spaß beim Musizieren!«

»Spaß?«, wiederhole ich. »Den hab ich noch nie gehabt. Du etwa, Miriam?«

Sie zieht eine Schnute und streckt mir die Zunge raus.

»Tschüs, ihr beiden!«, ruft Mutter und schließt die Tür. Kurz darauf hören wir, wie sie zusammen mit Oma die Wohnung verlässt.

»So, jetzt sind wir allein.« Miriam guckt mich ganz komisch an und zwinkert mir dann zu. »Worauf wartest du? Lass uns knutschen!«

»Lass uns was?!?« Um ein Haar wäre ich vom Klavierhocker gekippt.

»Knutschen! Das macht meine Kusine auch immer, sobald sie allein mit ihrem Freund in der Wohnung ist.«

»Ich bin aber nicht dein Freund!«, fauche ich. »Und darum wird jetzt nicht geknutscht, sondern gespielt. Eins, zwei, drei, vier!«

Ich fange einfach mit dem Stück an, dessen Noten gerade aufgeschlagen vor mir stehen. Die ersten Takte klappen ganz gut, doch dann verirren sich meine Finger heillos auf den Tasten und tapsen kreuz und quer in der Gegend herum. Miriams grüne Augen funkeln mich böse an. Hoffentlich ersticht sie mich nicht gleich mit ihrem Bogen! Schließlich lässt sie genervt die Geige sinken und macht den Vorschlag, das Stück noch mal von vorne zu beginnen.

Beim zweiten Mal wird's auch nicht besser, im Gegenteil. Der dritte Versuch hört sich sogar so grausam an, dass Miriam wütend ihre Noten packt und sie mir auf den Schädel donnert. »Spiel doch mit deinem Hintern Klavier, du Blödmann!«, schimpft sie. »Das würde bestimmt genauso gut klingen! Was ist denn heute los mit dir?«

»Ich – äh – irgendwie bin ich –« Hilflos breite ich die Arme aus. »Meine Finger wollen mir einfach nicht gehorchen.«

»Weil du mit deinen Gedanken ganz woanders bist, stimmt's?«

»Erraten.«

»Aha, verstehe: Du hast ein Problem!«, sagt Miriam und gräbt ihre rote Mähne um. »Willst du es mir erzählen?«

»Nö!«

»Na schön, dann behalt's für dich und erstick daran! Können wir jetzt weitermachen?«

»Dumme Kuh!« Ich schlage den Klavierdeckel zu und stehe auf. Und dann – ich weiß selbst nicht, warum – verrate ich Miriam die ganze Geschichte mit Waldemar. Sie hört aufmerksam zu und legt dabei immer wieder ihre Stirn in Falten.

»Du bist ja ein ganz ausgekochter Schwindler!«, meint sie kopfschüttelnd, als ich fertig bin. »Und was soll die Sache mit dem kaputten Fuß? Hat das auch was mit diesem Waldemar zu tun?«

»Nein, mit meiner Oma.«

Ich erzähle Miriam, dass ich auf keinen Fall zusammen mit Oma auf dem Bolzplatz auftauchen möchte und mir deshalb die Verletzung ausgedacht habe.

»Wirklich sehr schlau, Markus!« Miriam zeigt mir einen Vogel. »Deine Lügen sind so genial, dass sie garantiert alle ans Tageslicht kommen werden.«

»Fürchte ich auch«, gestehe ich ihr. »Und was soll ich dann machen?«

»Deinen Koffer packen und nach Australien auswandern.«

»Kannst du mir denn nicht helfen?«

»Na klar kann ich das!«, erwidert Miriam kichernd. »Im Kofferpacken bin ich Spitze! Was willst du denn alles mitnehmen?«

Die Rache tritt zu

Am nächsten Tag hat es sich deutlich abgekühlt. Auf dem Weg zur Schule bekomme ich eine Gänsehaut, weil ich in T-Shirt und kurzer Hose rumlaufe. Hoffentlich hole ich mir keine Erkältung, sonst kann ich am Sonntag nicht bei dem wichtigen Spiel gegen den FC Dinkelstedt mitmachen. Mit denen müssen wir
noch ein Hühnchen rupfen!

Im letzten Spiel haben uns diese Angeber so gnadenlos vom Platz gefegt, dass wir nach dem Schlusspfiff am liebsten im Rasen versunken wären.

»Mistwetter!«, ärgert sich Sven, der mich kurz vor der Schule einholt. »Heute kriegen wir garantiert kein Hitzefrei!«

»Na und? Sei doch froh, dass es nicht mehr so heiß ist. Dann wird das Training heute Nachmittag nicht ganz so anstrengend.«

»Wenn du noch mal tot umfällst, kannst du am Sonntag auf der Bank sitzen.«

»Und wer soll dann Mittelstürmer spielen? Dein Goldfisch?«

Sven lacht. »Wieso nicht? Wahrscheinlich hat der mehr Kondition als du, du Trainingsleiche!«

Das finde ich nicht besonders komisch. Aber noch mehr ärgere ich mich über den Satz, mit dem uns Daniel eine Minute später auf dem Schulhof begrüßt.

»Hey, Leute, ich hab einen Superspieler für unsere Mannschaft entdeckt!«, brüllt er Sven und mir entgegen. »Gestern war er mit ein paar anderen Jungs auf dem Bolzplatz. Unglaublich, wie der mit dem Ball umgeht! Kennt ihn einer von euch? Er ist blond und total dünn.«

Waldemar!

Ich spüre, wie mir das Blut in die Wangen schießt. Deshalb bücke ich mich schnell und tue so, als würde ich mir die Schuhe zubinden. Währenddessen höre ich Daniel weiter von dem genialen Wunderkicker schwärmen.

»Wie der Ecken schießt – Wahnsinn!« Daniel kriegt sich gar nicht mehr ein. »So was hab ich noch nie gesehen. Der schneidet das Leder so teuflisch an, dass es direkt im Tor landet.«

»Blödsinn!«, sagt Sven. »Solche Spieler gibt es nur in der Bundesliga, aber nicht bei uns auf dem Bolzplatz.«

Inzwischen sind Orhan, H. P. und Emilio aufgekreuzt. Auch ihnen erzählt Daniel von dem blonden Ballzauberer.

»Wie heißt er denn?«, fragt Orhan.

Daniel zuckt die Schulter. »Keine Ahnung. Ich hab mich nicht getraut ihn anzuquatschen, weil er – na ja, er trabte über den Platz wie ein – ein –«

»Wie ein total eingebildeter Lackaffe«, beende ich den Satz und richte mich wieder auf.

»Ja, so ähnlich!«, gibt Daniel zu. »Woher kennst du ihn denn, Markus?«

»Ich wollte vorgestern mit ihm Fußball spielen«, erzähle ich und zupfe dabei verlegen an meinem T-Shirt herum. »Da war er ganz allein auf dem Platz. Ich schlug vor 'ne Runde zu dribbeln. Der Kerl sagte kein Wort, sondern hämmerte mir einfach mit voller Wucht den Ball in den Magen.«

Emilio reißt die Augen auf. »Echt?«

Ich nicke. »Ehe ich wieder genug Luft zum Reden hatte, stieß er mich mit beiden Fäusten um und rannte weg. Und so einen Idioten wollt ihr in der Mannschaft haben?«

»Natürlich nicht!«, brummt Daniel. »Dem sollten wir lieber mal 'ne tüchtige Abreibung verpassen.«

Es gongt. Beim Reingehen taucht Miriam neben mir auf. Nachdem sie mir kurz in die Augen geschaut hat, flüstert sie: »Na, hat Häuptling Schwindelnder Schweißfuß mal wieder mit gespaltener Zunge gesprochen?«

»Woher weißt du das?«

»Du siehst so aus, als wäre gerade dein Gewissen bissig geworden.«

Damit hat Miriam leider Recht. In den nächsten zwei Stunden kann ich mich überhaupt nicht auf den Unterricht konzentrieren, weil ich dauernd an Waldemar denken muss. Was bin ich doch für eine miese Ratte! Durch meine Lügen wird Waldemar jetzt von allen meinen Kickerkollegen für einen widerlichen Fiesling gehalten. Wenn das rauskommt, bin ich geliefert! Dann wird mich unsere Trainerin zur Strafe bei den nächsten hundert Spielen nur noch als Eckfahne aufstellen. Aber das Gleiche droht mir leider auch, wenn Waldemar in unsere Mannschaft aufgenommen wird. Kann ich das nicht ohne Schwindeleien verhindern?

In der Pause holt Orhan einen Tennisball aus der Tasche und hält ihn in die Luft. Unser Schweiger will uns damit fragen: *Sollen wir Fußball spielen?* Alle haben Lust dazu. Es ist nämlich so kühl, dass wir uns dringend aufwärmen müssen.

Eigentlich braucht man eine Lupe, wenn man mit einem Tennisball kickt, aber blöderweise sind größere Bälle auf dem Schulhof nicht erlaubt. Beim Dribbeln mit diesem Miniteil bricht man sich fast die Beine. Und Luftlöcher werden öfter geschossen als Tore.

H. P. kann also eigentlich gar nichts dafür, als er mir bei einem Abwehrversuch mit aller Kraft gegen den linken Knöchel tritt. Mit einem Aufschrei stürze ich zu Boden.

»Tut mir Leid«, entschuldigt sich H. P. »Ich wollte den Ball treffen. Ehrlich!«

Stöhnend wälze ich mich herum. Diesmal ist es keine Schauspielerei, was ich da veranstalte. Der Schmerz im Knöchel ist wirklich kaum auszuhalten!

»Hoffentlich kannst du am Sonntag spielen«, meint Daniel, der mit besorgter Miene zu mir runterschaut. »Wenn nicht, sollten wir vielleicht doch mal mit diesem blonden Superspieler reden.«

Waldemar?!?

Ohne Zögern erhebe ich mich vom Boden und mache ein paar Schritte. Jedes Mal, wenn ich mit dem linken Fuß auftrete, möchte ich am liebsten ein lautes Gebrüll ausstoßen. Tut das weh! Aber ich beiße tapfer die Zähne zusammen und versuche zu lächeln.

»Alles in Ordnung«, schwindle ich. »Am Sonntag hau ich dem Torwart vom FC Dinkelstedt den Kasten voll, wetten?«

H. P. sieht ganz geknickt aus. »Tut's echt nicht weh? Glaub mir, ich wollte dich nicht treffen! Du bist doch jetzt wohl nicht sauer auf mich, oder?«

Warum sollte ich? Das war ja gar nicht H. P., der mir den Tritt verpasst hat, sondern das Schicksal – als Rache für meine hundsgemeinen Lügen!

Viel Mumm?

Am Nachmittag wird munter weitergeschwindelt.

»Sag Frau Unger, dass ich heute leider nicht zum Training kommen kann«, bitte ich Sven am Telefon.

»Wegen dem Tritt vorhin in der Pause?«

»Ach, der war doch völlig harmlos«, behaupte ich, obwohl der linke Knöchel inzwischen fast so dick ist wie ein Tischtennisball. »Meine Oma ist zu Besuch und will mich gleich zu einem Eis einladen.«

»Aha. Sag mal, wieso flüsterst du denn so?«

»Weil ich wahnsinnig heiser bin. Du weißt doch: Ich hab Probleme mit den Mandeln.«

»Nö, wusste ich nicht.«

Ich auch nicht. Aber auf eine Lüge mehr oder weniger kommt es jetzt wohl nicht mehr an.

Weil Oma soeben die Wohnzimmertür öffnet, verabschiede ich mich schnell von Sven und lege auf.

»Na, wie sieht's aus?«, fragt Oma. »Fahren wir gleich auf den Bolzplatz? Ich hab mir doch extra das neue Trikot zugelegt!«

Ich winke ab. »Hat keinen Zweck, Oma. Ich kann immer noch nicht richtig laufen.«

Zum Beweis dafür schleppe ich mich in Zeitlupe zum Sofa.

»Nanu, bist du denn jetzt auch am anderen Fuß verletzt?«, erkundigt sich Oma erstaunt.

»Wieso?«

»Weil du plötzlich mit dem linken Fuß humpelst.«

O Gott – bei dieser verrückten Humpelei blicke ich kaum noch durch! Vor meinen Freunden darf ich überhaupt nicht humpeln, obwohl mir der linke Fuß höllisch weh tut. Und vor Oma muss ich so tun, als sei mein rechter Fuß kaputt, obwohl ich kaum die Schmerzen aushalten kann, wenn ich mein ganzes Gewicht auf den linken Fuß verlagere. Vielleicht sollte ich mir einfach einen Rollstuhl besorgen, dann würde ich nichts mehr falsch machen.

»Hast du was dagegen, wenn ich allein auf den Bolzplatz fahre?«, fragt Oma. »Ich würde zu gerne meine neuen Fußballschuhe ausprobieren.«

»Mit wem denn?« Ich lasse mich aufs Sofa fallen und lege die Füße hoch. »Heute ist Training, da kommt niemand auf den Bolzplatz.«

Außer Waldemar, an den ich dauernd denken muss . . .
Auch eine Viertelstunde später, als Mutter, Oma und ich
am Küchentisch sitzen und Erdbeertorte essen, sehe ich
den blonden Ballkünstler vor mir. Bestimmt trainiert er
jetzt gerade wieder unermüdlich das Eckenschießen.

Wenn ich ihn darum bitten würde, mir ein paar Tricks beizubringen, hätte er bestimmt nichts dagegen. Wer weiß, vielleicht hätten wir sogar richtig gute Freunde werden können – wenn ich Idiot nicht so bescheuerte Lügen über ihn erzählt hätte! Sobald er das erfährt, bin ich natürlich für ihn gestorben. Oder könnte er meine Schwindeleien verstehen, wenn er den Grund dafür wüsste?

Ich stopfe mir den letzten Bissen Torte in den Mund, stehe auf und gehe zur Tür. Nach den ersten zwei Schritten fällt mir ein, dass ich das Humpeln ganz vergessen habe. Prompt fange ich damit an, verwechsle jedoch die Füße. Erst humple ich mit rechts, danach mit links und schließlich mit beiden Füßen gleichzeitig – bis ich vor lauter Verwirrung über meine eigenen Beine stolpere und auf den Küchenboden knalle.

Sofort ist Oma zur Stelle und hilft mir beim Aufstehen. »Meine Güte!« Sie mustert mich von oben bis unten. »Wenn du so weitermachst, Markus, brichst du dir noch sämtliche Knochen!«

Na und? Was anderes hätte ich eigentlich auch nicht verdient.

Mit einem mulmigen Gefühl im Bauch verschwinde ich aus der Wohnung und humple die Stufen hinunter. Auf der letzten Treppe kommt mir unser Nachbar Herr Wiedemann entgegen, erstaunlicherweise ohne Schalke-Schal.

»Nanu!« Verblüfft zeige ich auf seinen nackten Hals. »Ich

dachte, der Schal wäre an Ihrer Haut festgewachsen. Ohne den blau-weißen Fetzen hab ich Sie noch nie gesehen!«
»Ich mich auch nicht!«, brummt Herr Wiedemann. »Er ist mir heute Mittag beim Kochen in die Tomatensuppe gefallen. Stell dir vor:

Als ich ihn rausholte, war er so rot wie ein FC-Bayern-Schal.« Angewidert verzieht er sein faltiges Gesicht. »Ich hab ihn gerade in die Wäscherei gebracht.«
»Aha.«
»Fährst du zum Bolzplatz?«
Ich nicke.

»Aber nicht zum Kicken, sondern zum Quatschen. Ich hab nämlich einen Riesenfehler gemacht.«

»Na und? Fehler sind nicht so schlimm, mein Junge«, beruhigt mich unser Nachbar. »Hauptsache, du lernst was draus. Und das hast du bestimmt, oder?«

»Hm, das werde ich gleich feststellen.«

»Viel Glück! Oder soll ich lieber sagen: Viel Mumm?«

»Ich glaube, ich kann beides ganz gut gebrauchen. Tschüs, Herr Wiedemann!«

Er lächelt mir zu und geht weiter die Treppe hinauf.

Kurz darauf hocke ich auf dem Sattel und radle in den Stadtpark. Weil ich wegen dem geschwollenen Knöchel nur mit halber Kraft in die Pedale treten kann, komme ich so schnell voran wie eine Schnecke.

Unterwegs überlege ich, wie ich Waldemar die ganze Sache am besten erklären soll.

Tut mir Leid, dass ich so ein verdammter Lügner bin! Ich hatte nur Angst um meinen Stammplatz in der Mannschaft, und deshalb hab ich dir nicht ganz die Wahrheit über unseren Verein gesagt.

Tja, das wären genau die richtigen Worte gewesen, mit denen ich Waldemar hätte begrüßen sollen. Doch stattdessen sage ich nur: »Hallo!«, nachdem ich endlich vor dem Bolzplatz angekommen und vom Rad gestiegen bin.

»Ich dachte schon, ich müsste wieder ganz alleine hier rumkicken!«, ruft mir Waldemar lächelnd entgegen, als ich auf den Platz humple. »Sollen wir wieder ein bisschen dribbeln?«

»Bin verletzt«, sage ich und zeige auf meinen linken Fuß.

»Schade! Aber du würdest ja sowieso nicht den Ball bekommen, auch wenn wir zwei Stunden lang dribbeln würden.«

Mann, hat der eine große Klappe!

»Was willst du denn hier, wenn du nicht spielen kannst?«, fragt Waldemar. »Mir ein paar meiner genialen Tricks abgucken?«

Wieso macht es mich wütend, dass der Knabe so eingebildet ist? Wenn ich so gut spielen könnte wie er, wäre ich bestimmt auch nicht gerade der bescheidenste Junge auf der ganzen Welt. Trotzdem hab ich auf einmal keine Lust mehr mit der Wahrheit über unseren Verein herauszurücken. Oder bin ich einfach nur zu feige Waldemar zu gestehen, was für ein Lügner ich bin?

»Komm mit zur Ecke!«, fordert er mich auf und klemmt sich den Ball unter den Arm. »Dann zeig ich dir mal, wie man die Kugel so anschneidet, dass sie direkt im Tor landet.«

»Danke, ich brauche keinen Nachhilfeunterricht!«, knurre ich. »Wofür hältst du dich eigentlich? Für den größten Fußballer aller Zeiten?«

»Wenn ich weiter so hart trainiere, spiele ich in zehn Jahren in der Nationalmannschaft, wetten? Dafür brauche ich allerdings unbedingt einen guten Verein und einen tollen Trainer. Ist diese Frau, die euch trainiert, wirklich so übel?«

»Leider ja«, seufze ich – und gleichzeitig muss ich daran denken, was mir Frau Unger so in den letzten Jahren alles beigebracht hat. Ohne unsere Trainerin würde ich immer noch so gut kicken wie im Kindergarten. Und wie bedankt sich der nette Markus dafür? Indem er den letzten Mist über sie verzapft!

»Warum bist du denn plötzlich so blass geworden?«, wundert sich Waldemar. »Geht's dir nicht gut? Dann solltest du was von meinem Supertee trinken. Es sind zwar nur noch ein paar Schlucke in der Flasche, aber die kannst du gerne haben.«

Wie war das, was ich heute Vormittag meinen Freunden über Waldemar erzählt habe? Der Kerl sagte kein Wort, sondern hämmerte mir einfach mit voller Wucht den Ball in den Magen. In Wirklichkeit wetzt der Blondschopf über den halben Platz, um mir seinen Tee zu holen.

Als Waldemar mit der Flasche vor mir steht, schüttle ich den Kopf und murmle: »Ich muss dir was sagen.«

»Was denn?«

Verlegen kaue ich auf der Unterlippe herum und starre dabei auf Waldemars Schuhe. Wieso ist Lügen tausendmal einfacher als die Wahrheit zu gestehen? Zig ehrliche Sätze hab ich mir auf dem Weg hierhin zurechtgelegt, doch jetzt krieg ich keine einzige Silbe davon raus!

Waldemar kratzt sich an seinen Oberschenkeln. »Was willst du mir denn sagen?«, fragt er ungeduldig.

»Dass dein Tee zum Kotzen schmeckt!«, zische ich, drehe mich um und humple zu meinem Fahrrad. Dass mir auf dem Weg dorthin die Tränen in die Augen schießen, liegt nicht nur daran, dass mein linker Fuß wie Feuer brennt.

Der Streichler und der Brüller

Na, wie viele von deinen Schwindeleien sind denn schon geplatzt?«, erkundigt sich Miriam am nächsten Vormittag in der großen Pause.

»Bis jetzt noch keine. Dafür sind noch ein paar neue Lügen dazugekommen«, gestehe ich leise.

Ich erzähle ihr von H. P.s gestrigem Tritt und dem wichtigen Spiel am Sonntag, bei dem ich unbedingt dabei sein muss.

»Deshalb darf ich hier in der Schule nicht humpeln, sonst würden Sven und meine anderen Mannschaftskameraden Frau Unger verraten, dass ich verletzt bin. Dann stellt mich unsere Trainerin übermorgen nicht auf.«

»Womit willst du denn bei dem Spiel die Tore schießen, wenn du deine Füße nicht richtig gebrauchen kannst?«, fragt Miriam. »Mit deinem Bauchnabel?«

»Vielleicht ist ja der Knöchel bis dahin wieder fit. Gegen den FC Dinkelstedt will ich auf jeden Fall antreten, kapiert? Wir müssen uns nämlich für die letzte Niederlage rächen!«

»Mit einem humpelnden Mittelstürmer habt ihr doch keine Chance. Warum lässt du nicht lieber deine Oma an deiner Stelle spielen?«

»Hör bloß auf!«, stöhne ich. »Die will so lange bei uns bleiben, bis mein Fuß wieder okay ist und sie mit mir auf den Bolzplatz fahren kann. Warum sucht die sich nicht ein anderes Hobby?«

»Such du ihr doch eins!«, schlägt Miriam vor.

»Hä?«

Ein geheimnisvolles Lächeln erscheint auf Miriams Gesicht. »Ich hätte da eine Idee, wer deine Oma vielleicht vom Fußballspielen ablenken könnte.«

»Wer denn?«

Der Name, den Miriam nennt, sorgt bei mir für einen Lachkrampf. Doch nachdem ich mich wieder beruhigt habe und genauer über Miriams Idee nachdenke, finde ich sie gar nicht mehr so übel. Deshalb beschließe ich, sie so schnell wie möglich in die Tat umzusetzen . . .

Nach dem Mittagessen schlage ich Oma vor, mit mir einen Spaziergang zur alten Burgruine zu machen.

»Gute Idee, mein Junge! Ich war schon ewig nicht mehr da oben.« Vor Begeisterung kneift sie mich in beide Backen gleichzeitig. »Aber schaffst du denn den weiten Weg mit deiner schlimmen Verletzung?«

»Kein Problem«, behaupte ich, obwohl ich gleich eine halbe Stunde lang mit dem falschen Fuß humpeln muss, ächz! Danach kann ich meinen linken Knöchel garantiert in den Mülleimer werfen.

Doch als ich zehn Minuten später zusammen mit Oma unser Haus verlasse, warten unten bereits ein Taxi und eine Chauffeurin auf mich: Miriam und ihr Fahrrad.

»Was willst du denn hier?«, frage ich sie höchst überrascht.

»Dich transportieren!«, erwidert sie fröhlich und zeigt auf ihren Gepäckträger. »Steig auf, dann brauchst du nicht zu laufen.«

»Bist du aber ein nettes Mädchen!«, staunt Oma.

»Ja, das stimmt. Aber was tut man nicht alles, wenn man verliebt ist!« Miriam wirft mir einen schmachtenden Blick zu. Ich bin so baff, dass mir die Worte fehlen.

Lachend setzt sich Oma in Bewegung.

»Was soll der Quatsch?«, fauche ich Miriam leise an.

»Wir müssen sie schon mal in die richtige Stimmung versetzen. Jetzt klettere endlich auf den Gepäckträger!«

Ich gehorche. Miriam steigt auf den Sattel.

»Wieso bist du überhaupt gekommen?«

»Aus Neugier natürlich!«, antwortet sie. »Ich will wissen, ob mein Plan funktioniert. Na los, worauf wartest du? Du musst mich so fest umklammern, als wärst du total in mich verknallt.«

»Sonst noch was?«

Mit insgesamt vier Fingern greife ich nach Miriams blauem T-Shirt. Langsam tritt sie in die Pedale. Als wir neben meiner Oma auftauchen, schaut die uns ganz gerührt an und seufzt: »Ach, seid ihr ein schönes Paar!«

Igitt! Am liebsten würde ich auf der Stelle im Boden versinken!

Zum Glück reden Oma und Miriam nicht über das eklige Thema Liebe, sondern über die Schule. Ich halte derweil Ausschau nach Herrn Wiedemann, der jeden Tag nach dem Essen hinauf zur Ruine spaziert. Miriams Plan ist ziemlich einfach: Oma soll sich in unseren Nachbarn vergucken! Dann würde sie sich nur noch über ihn den Kopf zerbrechen und keinerlei Gedanken mehr ans Fußballspielen verschwenden.

Irgendwann wird der Weg so steil, dass Miriam nicht

mehr treten kann. Sie steigt ab und schiebt mich und das Rad den Berg hinauf.

»Ist das nicht zu schwer für dich?«, fragt Oma.

»Blödsinn! Für meinen geliebten Markus ist mir gar nichts zu schwer!«

Geliebter Markus – würg, kotz! Hoffentlich verwechselt sie nicht gleich mein Gesicht mit einem Erdbeereis und schleckt daran herum. Bei Mädchen muss man wirklich auf *alles* gefasst sein!

Endlich entdecke ich unseren alten Nachbarn auf einer Bank.

»Huhu, Herr Wiedemann!«, rufe ich ihm so aufgeregt zu, als wären wir uns seit fünfzehn Jahren nicht mehr begegnet. »Was machen Sie denn hier?«

»Na was wohl? Einen Handstand, das siehst du doch!«

Als wir vor der Bank ankommen, bleibt Miriam stehen, wischt sich den Schweiß von der Stirn und verkündet total erschöpft: »Wenn ich jetzt keine Pause einlege, fall ich noch in Ohnmacht!«

Ich rutsche vom Gepäckträger und stelle meine Oma Herrn Wiedemann vor.

»Komisch, dass wir uns noch nie im Treppenhaus begegnet sind«, sagt Oma, als sie unserem Nachbarn die Hand schüttelt.

Die beiden lächeln sich freundlich an.

»Wir setzen uns dahinten auf die Bank«, erklärt Miriam

den beiden und nimmt mich an der Hand. »Ich muss mich unbedingt ausruhen. Komm, mein Schatz!«

Grrr! Ich könnte sie erwürgen, diese Dummschwätzerin!

Kurz darauf treibt mich Miriam fast in den Wahnsinn. Kaum habe ich mich am einen Ende der Bank niedergelassen, legt sich Miriam hin – und benutzt meine Oberschenkel als Kopfkissen! Und als wäre das nicht schon schlimm genug, zischt sie auch noch: »Du musst meine Haare streicheln.«

»Was?!?«

»Die Haare! Das sind diese wuseligen roten Dinger, die mir aus dem Schädel wachsen.«

»Ich weiß, was Haare sind! Warum sollte ich sie denn streicheln?«

»Damit deine Oma und dein Nachbar dazu angeregt werden, was Ähnliches zu tun. Wie eng sitzen sie denn nebeneinander?«

Ich werfe einen Blick zur anderen Bank hinüber, die etwa zehn Meter von uns entfernt steht.

»Meine Schultasche würde noch zwischen sie passen«, berichte ich Miriam. »Aber dafür unterhalten sie sich sehr lebhaft.«

»Aha! Dann hat es bestimmt zwischen den beiden gefunkt.

Und jetzt streichle mich endlich! Du kannst ja die Augen zumachen und dir vorstellen, ich wäre ein Dackel. Oder hast du nicht nur Angst vor Mädchen, sondern auch vor Hunden?«

»Ich hab vor niemandem Angst!«

Vorsichtig strecke ich die Hand aus und lege sie auf Miriams Kopf. Dann bewege ich sie langsam hin und her.

»Das nennst du streicheln?«, meckert Miriam. »Du bist ja so zärtlich wie meine elektrische Zahnbürste!«

Plötzlich zucken wir beide erschrocken zusammen, weil Herr Wiedemann brüllt: »Wie bitte? Sie sind ein Borussia-Dortmund-Fan?«

»Jawohl!«, giftet Oma zurück. »Und wenn Sie was dagegen haben, können Sie ja abdampfen.«

»Das werde ich auch!« Hastig erhebt sich unser Nachbar von der Bank und marschiert den Weg hinunter zur Stadt.

Ehe er um die nächste Ecke biegt, dreht er sich noch einmal um und ruft: »Ein echter Schalker redet nicht mit Dortmundern, verstanden?«

»Schreien Sie nicht so, sonst fällt Ihnen noch das Gebiss aus dem Mund!«, schreit Oma, worauf Herr Wiedemann uns brüsk seinen Rücken zuwendet und mit großen Schritten unseren Blicken entschwindet.

»Was soll dieser ganze Fußballquatsch bedeuten?«, fragt Miriam, die keine Ahnung von der Bundesliga hat.

»Dass dein toller Plan im Eimer ist.«

»Na super! Streichelst du mich trotzdem noch ein bisschen weiter? Dann kriegst du auch was von mir.«

»Was denn?«

»Einen Kuss.«

Arme Miriam! Jetzt hat sie endgültig den Verstand verloren!

Strafe muss sein

Heute werden wir den Dinkelstedtern eine ordentliche Abreibung verpassen!« Sven zieht seine Torwarthandschuhe an und ballt die Fäuste. »Mein Kasten bleibt heute sauber, Leute! Dann braucht ihr nur ein einziges Tor zu schießen. Oder hämmerst du ihnen gleich ein paar unhaltbare Dinger rein, Markus?«

»Darauf kannst du dich verlassen«, knurre ich, während ich verzweifelt versuche, in den linken Fußballschuh zu steigen. Wahnsinn, wie stark der Knöchel inzwischen angeschwollen ist! Als ich ihn Miriam vorgestern auf der Bank gezeigt habe, wollte sie mich sofort zum Arzt fahren. Ich lehnte dankend ab.

»Du spinnst ja, Markus!«, schnaubte sie. »Mit diesem kaputten Fuß kannst du unmöglich spielen!«

Und damit hatte sie natürlich Recht, wie sich jetzt herausstellt. Ich schaffe es ja nicht mal, den linken Schuh richtig zuzuschnüren, nachdem ich den Fuß mit Gewalt hineingepresst habe. Diese Schmerzen! Keine zehn Meter werde ich laufen können, geschweige denn ein Tor schießen. Doch wenn ich jetzt den anderen was von der Verletzung erzähle, muss ich auch mit all den anderen Lügen herausrücken. Und unmittelbar vor so einem wichtigen Spiel würde das nur jede Menge Unruhe in die Mannschaft bringen. Deshalb muss ich wohl oder übel die Zähne zusammenbeißen. Unsere Trainerin kommt in die Kabine und erklärt noch mal genau die Taktik.

»Weil der Dinkelstedter Angriff so gefährlich ist, spielen wir mit einer starken Abwehr. Markus ist unsere einzige Spitze, die anderen müssen alle hinten aushelfen.« Frau Unger wendet sich an mich. »Von dir hängt heute also sehr viel ab. Bist du denn gut in Form?«

»Na klar!«, schwindle ich, erhebe mich von der Bank und spüre einen irrsinnigen Schmerz im linken Knöchel. Wenn es mir überhaupt gelingt, auf den Platz zu kommen, werde ich dort höchstens drei Minuten lang durchhalten. Dann muss ich mich von einem Dinkelstedter Verteidiger foulen und mich anschließend von meinen Mannschaftskameraden schwer verletzt vom Platz tragen lassen.

Frau Unger klatscht in die Hände. »So, und jetzt raus hier! Viel Glück, Jungs!«

Ich lasse die anderen vorgehen und verschwinde als Letzter aus der Kabine. So aufgeregt wie heute bin ich noch nie vor einem Spiel gewesen. Wie gemein von mir, meinen Kickerkollegen nicht die Wahrheit gesagt zu haben! Durch meine Schuld wird uns der FC Dinkelstedt wieder eine Packung verpassen. Bravo, Markus! Du bist wirklich ein toller Mannschaftskapitän.

Mit gesenktem Kopf schleiche ich aus dem Vereinshaus.

Ich schaue erst auf, als ich den Rasen betrete – und was ich da sehe, haut mich fast um: An der Seitenlinie entdecke ich neben einigen anderen Zuschauern auch Miriam und Waldemar!

Mir rutscht das Herz in die Hose. Ich bin wütend auf Miriam, weil sie den Wunderstürmer angeschleppt hat! Was soll der Quatsch?

»Guck mal!«, sagt Daniel. »Da ist ja der blonde Idiot!«

»Das ist kein Idiot!«, widerspreche ich gereizt. »Hier gibt's nur einen Idioten – und das bin ich!«

»Was soll das heißen?«

Jetzt wäre genau der richtige Zeitpunkt, mit den Lügen aufzuräumen. Ich müsste nur den Mund aufmachen und den anderen gestehen, was für ein Schwindler ich in den letzten Tagen gewesen bin. Doch wie immer, wenn mir der Mumm fehlt, kommt nicht mal ein einziger Buchstabe über meine Lippen.

»Alles klar, Markus?«, fragt unsere Trainerin mit besorgter Miene. »Du siehst aus, als ob du dich nicht ganz wohl fühlst. Hast du irgendwas?«

»Hmhm.«

»Was denn?«

Nein, ich kann es beim besten Willen nicht aussprechen, obwohl ich es zu gerne tun würde. Dann wären die Gewissensbisse endlich vorbei! Aber meine Lippen bleiben so fest zusammengepresst, als hätte sie jemand mit Leim beschmiert.

Hilflos schaue ich zu Miriam, die mir aufmunternd zunickt. Glaubt sie im Ernst, ich wäre so mutig ausgerechnet in diesem Augenblick mit der Wahrheit rauszurücken? Dazu fehlen mir leider die Worte.

Moment mal – kann ich Frau Unger und der Mannschaft die ganze Sache nicht auch ohne Worte erklären, so wie in einem Stummfilm?

Ich atme ganz tief durch und gehe auf Waldemar zu. Als ich vor ihm stehe, ziehe ich mein Trikot aus und halte es ihm hin. Im Nu sind Sven, Emilio, Daniel, H. P. und Frau Unger zur Stelle und wollen wissen, was das zu bedeuten hat.

Statt einer Antwort lasse ich mich auf dem Rasen nieder, ziehe den linken Schuh aus, rolle den Strumpf hinunter und präsentiere ihnen meinen linken Knöchel.

»Das sieht aber übel aus«, sagt unsere Trainerin. »Warum hast du mir das nicht schon eher gezeigt?«

Ich zucke mit den Schultern und werfe Waldemar mein Trikot zu.

»Der Junge soll für dich spielen?« Unsere Trainerin macht ein erstauntes Gesicht. »Wer ist das überhaupt?«

»Du spinnst ja, Markus!« Sven wirft Waldemar einen bösen Blick zu. »Dieser Blödmann hat dir doch letztens den Ball in den Bauch gehämmert!«

Waldemar reißt die Augen auf. »Was hab ich? Das ist glatt gelogen!«

Frau Unger schaut von mir zu Waldemar und wieder zurück. »War das gelogen, Markus?«

Ich nicke.

Zum Glück ruft uns der Schiedsrichter in diesem Moment zu: »In einer Minute pfeife ich an! Hoffentlich sind bis dahin alle Diskussionen beendet.«

Unsere Trainerin verliert keine Sekunde. »Bist du als Mittelstürmer genauso gut wie Markus?«, fragt sie Waldemar.

Der winkt lässig ab und antwortet: »Ungefähr zweimal besser, glaube ich!«

Dieser Angeber!

»Das werden wir ja sehen! Los, zieh das Trikot an! Du bist unsere einzige Spitze, okay?«

»Okay!«

»Na, dann ab mit dir! Ich kläre das inzwischen mit dem Schiedsrichter.«

Kaum haben sich die beiden Mannschaften aufgestellt, geht das Spiel auch schon los. Miriam lässt sich neben mir nieder.

»Und? Bist du sauer?«

»Natürlich!«, brumme ich. »Vor allem auf mich selbst.«

»Er war alleine auf dem Boltzplatz, als ich heute Vormittag

durch den Stadtpark geradelt bin. Da dachte ich – äh – ich dachte, es wäre vielleicht eine gute Idee, wenn – wenn ich ihn –«

»Nanu, wieso spielst du denn nicht mit?«, ertönt plötzlich Herrn Wiedemanns Stimme hinter mir.

Ich drehe mich um und traue kaum meinen Augen. Neben unserem Nachbarn, der seinen frisch gewaschenen Schalke-Schal trägt, steht meine Oma in ihrem nagelneuen Borussia-Dortmund-Trikot.

»Pass auf, dass dir nicht die Augen aus dem Kopf fallen, mein Junge!« Lachend legt Oma eine Hand auf Herrn Wiedemanns Schulter. »Mein Enkel starrt uns an, als wären wir schon seit drei Jahren tot.« Dann wendet sie sich wieder an mich und erklärt mir, dass sie Herrn Wiedemann eben im Treppenhaus getroffen hätte. »Und weil wir beide hier auf den Platz wollten, sind wir halt zusammen gegangen. Er ist zwar ein Schalke-Fan, aber abgesehen von diesem furchtbaren Fehler ganz nett. Übrigens: Es hätte mich sehr überrascht, wenn du gespielt hättest. Wo du doch so einen schlimmen Knöchel hast . . .« Sie grinst mich spöttisch an, worauf sich Miriam prompt einmischt.

»Glauben Sie, er hätte die Verletzung nur erfunden?«, fragt sie meine Oma.
»Hm, besonders echt sah seine Humpelei jedenfalls nicht aus.«
»Und wie sieht das hier aus?« Miriam zeigt auf meinen dicken Knöchel. »Wie eine Fata Morgana?«
Oma beugt sich über meinen Fuß. »O nein! Und ich dachte, dass du –« Sie streicht mir über den Kopf. »Tut mir Leid, Markus! Ich hab dich tatsächlich für einen Schauspieler gehalten.«
»Das bin ich auch, Oma. Aber das erklär ich dir nach dem

Spiel. Jetzt muss ich erst mal meinen Ersatzmann beobachten.«

»Diesen blonden Jungen da?« Unser Nachbar zeigt auf Waldemar, der gerade mutterseelenallein mit dem Ball am Fuß aufs Dinkelstedter Tor zustürmt. »Das ist ein Wunderknabe! Guck mal, wie der das Leder führt – fabelhaft! Der wird dafür sorgen, dass ihr heute gewinnt.«

Herr Wiedemann hat Recht. Waldemar spielt die Dinkelstedter Abwehr schwindlig. Ihr Torwart beißt vor Wut fast ins Gras, nachdem ihm Waldemar gleich zwei Eckbälle hintereinander ins Tor geschnippelt hat.

Zur Halbzeit führen wir schon 5 : 1. Nach der Pause schießen die Dinkelstedter zwar noch ein Tor, aber dafür trifft Waldemar auch noch zweimal. 7 : 2 – ein Superergebnis! Kein Wunder, dass Waldemar nach dem Schlusspfiff wie ein Held gefeiert wird.

Die Kicker verschwinden in der Kabine, ohne mich auch nur eines einzigen Blickes zu würdigen. Wahrscheinlich sind schon in der Halbzeit die meisten meiner Lügen ans Tageslicht gekommen. Für meine Mitspieler bin ich jetzt sicher gestorben. Und für meine Trainerin sowieso. Die Wahl zwischen Waldemar und mir wird ihr nicht allzu schwer fallen. Falls sie mich nicht aus dem Verein schmeißt, werde ich in den nächsten Jahren auf der Ersatzbank versauern.

»So schnell werde ich bestimmt nicht mehr lügen«, sage ich zu Miriam, die mir auf die Beine hilft. »Das bringt einem nichts als Ärger ein!«

Auf einmal steht Frau Unger vor uns.

»Ich fürchte, deine Kameraden haben da gleich ein paar neugierige Fragen an dich.«

»Reden die denn überhaupt noch mit mir?«

»Kommt drauf an, wie ehrlich du ihre Fragen beantwortest. Ich rede jedenfalls noch mit dir. Und vor allem hoffe ich, dass du möglichst bald gesund wirst und wieder für uns spielen kannst.«

»Wozu?«, seufze ich. »Der neue Mittelstürmer ist doch viel besser als ich.«

»Aber leider konnte er nur dieses eine Mal für uns spielen. Nächste Woche zieht er nämlich mit seinen Eltern nach Hamburg, weil sein Vater dort eine neue Arbeit gefunden hat.«

»Das finde ich aber schade«, murmle ich.

Miriam stößt mir einen Ellenbogen in die Rippen. »Hey, du wolltest doch nicht mehr lügen! Sei ehrlich: Wie findest du es, dass Waldemar wegzieht?«

Da recke ich beide Arme so hoch in die Luft, als wollte ich ein paar Wolken pflücken, und schreie so laut ich kann: »Yipppiiiieeeeh!«

Frau Unger runzelt die Stirn. »Na ja, sehr nett finde ich das ja nicht von dir. Aber immerhin ehrlich . . .«, fügt sie lächelnd hinzu.

»Markus macht halt manchmal blöde Sachen«, erklärt Miriam und legt ihren rechten Arm um meine Schulter. »Aber im Grunde seines Herzens ist er ein unheimlich lieber Junge. Darum werde ich ihn später auch heiraten!« Kaum hat sie diesen furchtbaren Satz gesagt, drückt mich diese Spinnerin auch noch an sich und verpasst mir einen dicken Schmatzer auf die Backe!

»Zugabe! Zugabe!«, grölen meine Kickerkollegen, die soeben das Vereinshaus verlassen haben und grinsend auf uns zukommen.

Ich merke, dass ich knallrot anlaufe. Und Miriam? Die gibt tatsächlich eine Zugabe! Nachdem sie mich noch einmal auf die Backe geküsst hat, meint sie kichernd: »Tja, Markus, Strafe muss sein!«

1 : O für das Kicker-Team

Christian Bieniek

Klarer Fall: Elfmeter!

Mannschaftskapitän Markus sitzt ganz schön in der Klemme. Ausgerechnet sein bester Freund Sven soll aus dem Team geschmissen werden. Seit Wochen hat Sven keinen einzigen Ball mehr gehalten. Die Kicker vom FC Sinzburg sind sich einig: ein neuer Torwart muss her. Am besten Philipp Steiner, der Supertorhüter vom Handballverein. Aber Philipp verlangt eine ziemlich hohe Ablösesumme. Und nun soll Markus Sven auch noch erklären, dass er ab sofort auf die Ersatzbank muss. Kann man einen guten Freund wirklich so hängen lassen, fragt sich Markus?

Ein Sponsor für Markus

Neue Fußballschuhe kosten eine Stange Geld. Und wenn man so schnell wächst wie Markus, ist alle Nase lang ein neues Paar fällig. Da ist Markus froh, dass Miriam ihm das Geld für die neuen Schuhe geben will. Sie sei dann eben sein Sponsor, sagt Miriam. Als Gegenleistung soll Markus eine Woche lang ein T-Shirt mit einer Werbeaufschrift tragen. Aber als Markus Miriams T-Shirt sieht, kippt er fast aus den neuen Fußballschuhen ...

Jeder Band:
64 Seiten. Zahlreiche Illustrationen.
Mit Fußball-Rubbel-Spiel. Ab 8

Arena

1 : O für das Kicker-Team

Christian

Bieniek

Das Spiel der Spiele

Große Aufregung beim FC Sinzburg: Ein Jugendtrainer des FC Bayern
München ist in der Stadt und will sich das nächste Spiel ansehen! Markus
sieht sich schon als angehender Profi im Fußballinternat. Klar, dass er alles
dransetzt, am nächsten Sonntag beim Spiel gegen den FC Lübbenstein top-
fit zu sein. Und ausgerechnet jetzt holt er sich beim Kicken im Regen einen
Schnupfen. Zum Glück hat Miriam ein Erfolg versprechendes Fitness-
Rezept für ihn. Ob das ausreicht, um den Jugendtrainer zu beeindrucken?

Die Känguru-Taktik

So kann das nicht weitergehen: Markus und seine Mannschaft verlieren ein
Spiel nach dem anderen. Klarer Fall, ein neuer Trainer muss her. Wie soll
man mit einer Frau als Trainer auch gewinnen? Der Neue sieht zwar nicht
gerade sehr sportlich aus, aber die Jungs glauben fest an ihren Erfolg.
Dafür hüpfen sie sogar wie Kängurus über den Platz. Aber Markus kommt
gar nicht dazu, sich über die seltsamen Trainingsmethoden zu wundern –
erst mal muss er dringend seinen hartnäckigen Schluckauf – hicks! –
loswerden.

Jeder Band:
64 Seiten. Zahlreiche Illustrationen.
Mit Fußball-Rubbel-Spiel. Ab 8

Arena